ふんわり、さっくり。
軽やかなレシピ

自家製の米粉ミックスでつくるお菓子

中川たま

家の光協会

contents

※計量単位は、1カップ＝200ml、大さじ1＝15ml、小さじ1＝5mlです。
※オーブンは、ガスオーブンを使っています。温度と焼き時間は目安です。熱源や機種によって多少差があるので、様子をみながら加減してください。
※電子レンジは600Wを基準にしています。

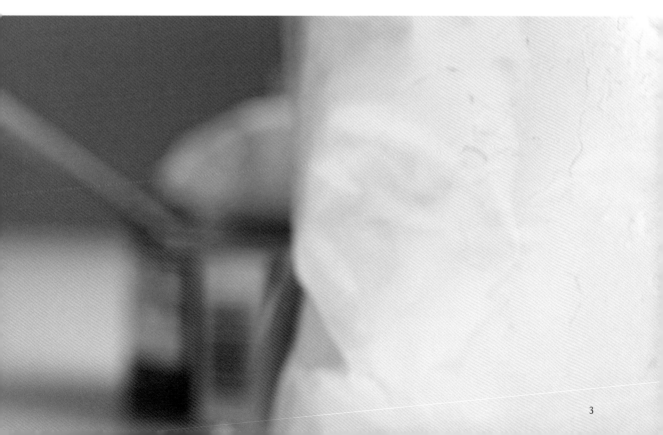

米粉ミックスで
いつでもさっとお菓子づくり

サラサラと軽やかな米粉。
粒子も細かく、小麦粉とはまた違った食感や風味が感じられます。
食べたあとに体が軽いのも魅力です。
こんな米粉を、もっと手軽にお菓子づくりに使えたらと思い
自家製の「米粉ミックス」をつくってみました。

米粉ミックスを仕込んでおくと、お菓子をつくるときに
計量する手間が減り、加える材料も少なくてすみます。
パンケーキにはもちろん、スコーンやクッキー、ケーキなど
いろいろなお菓子がささっとつくれるので、我が家でも重宝しています。
以前からよくつくっている小麦粉のパンケーキミックスは
ふるったり、練らないように混ぜたりする必要がありましたが、
米粉は粒子が細かく、グルテンフリーなので
ふるわずに使えるうえ、ぐるぐる混ぜすぎても失敗がありません。
この扱いやすさも、米粉ミックスのいいところです。

材料は製菓用米粉「ミズホチカラ」、やわらかい甘さのきび砂糖、
アルミニウムフリーのベーキングパウダーと精製されていない塩の4つだけ。
シンプルなので、プラスする材料によって、お菓子の風味や食感に変化が出ます。

たとえば、乾燥しがちな米粉の保水力を保ってくれ、
生地をふわっとふくらみやすくする卵やヨーグルト。
口溶けのよさや風味を出してくれるバター。
米粉のお菓子は、ふくらみにくかったり、かたくなったりしがちですが、
これらの素材を加えると、時間がたってもお菓子がかたくなりにくくなります。
ほかには、軽くサクッと切れ味のいい食感をプラスしてくれる片栗粉や、
軽やかにコクを出してくれ、酸化しにくい米油も使います。
いつでもお菓子がつくれるように、
プラスする材料も手に入りやすいものばかりです。

工程も、シンプルでコツがいらないもの、
材料が少なく、思い立ったらすぐにつくれるものを中心に紹介しました。
ぜひ、気負わずつくっていただけたらと思います。

中川たま

米粉ミックスをつくる

材料はいたってシンプル。自家製だから甘すぎず、米の味と自然な香りがします。

材料／つくりやすい分量・約300g分
製菓用米粉「ミズホチカラ」…240g
きび砂糖…50g
ベーキングパウダー…15g（大さじ1½）
塩（精製されていないもの）…1g

1 ボウルにすべての材料を入れてよく混ぜ合わせる。
2 保存瓶などに入れる。高温多湿を避けて常温におき、
　約2か月保存可能。

米粉の味と自然な甘さと香り。
生地そのもののおいしさを楽しみます

シンプルパンケーキ

材料／3枚分
生地
| 米粉ミックス…100g
| 卵…1個
| 牛乳…40ml
| バター（食塩不使用）…10g
バター（有塩）、メープルシロップ…各適量

下準備
・生地のバターは電子レンジや湯煎で溶かす。

1 ボウルに卵を割りほぐし、牛乳、溶かしバターを加えて泡立て器でよく混ぜるⓐ。
米粉ミックスを加え、粉っぽさがなくなるまで混ぜるⓑ。

2 フライパンを中火でじっくり温め、いったんぬれ布巾の上にのせて温度を下げ、
再び火にかける。火を少し弱め、**1**をお玉1杯強ほど流し入れるⓒ。

3 プツプツと穴があいてきたら裏返しⓓ、おいしそうな焼き色がつくまで両面を焼く。
同様にしてあと2枚焼く。

4 器に重ねて盛り、バターをのせてメープルシロップをかける。

MEMO
・鉄のフライパンで焼く場合は米油を薄くひく。フッ素樹脂加工のフライパンで焼く場合は油は不要。

ⓐ　　　　ⓑ　　　　ⓒ　　　　ⓓ

クリームとフルーツ、ナッツと組み合わせて、
ひと皿デザートにアレンジ

マスカルポーネクリームのせパンケーキ

材料／2人分
パンケーキ（p.8参照）…2枚
マスカルポーネクリーム
　┃ マスカルポーネチーズ…50g
　┃ 生クリーム…100ml
　┃ きび砂糖…小さじ1
ブルーベリー…適量
アーモンド、くるみ…各適量
はちみつまたはメープルシロップ（好みで）…適量

下準備
・アーモンド、くるみはフライパンでからいりする。

1　ブルーベリーは洗って水気を拭く。

2　パンケーキはp.8を参照して焼くⓐ。

3　ボウルにマスカルポーネクリームの材料を入れⓑ、泡立て器またはハンドミキサー
　で混ぜて八分立てにするⓒ。

4　器にパンケーキを盛り、マスカルポーネクリームをのせてブルーベリーを添え、
　ナッツをすりおろしてかけるⓓ。好みで、はちみつまたはメープルシロップをかける。

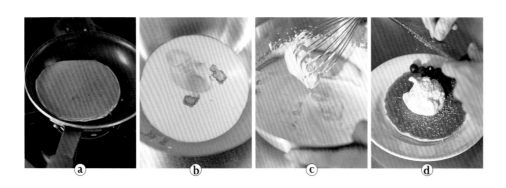

ⓐ　　　　　ⓑ　　　　　ⓒ　　　　　ⓓ

ヨーグルトを加えるとふんわり、しっとり。
はちみつを入れてコクをプラス

ホットケーキ

材料／3枚分
生地
| 米粉ミックス…200g
| 卵…2個
| プレーンヨーグルト…60g
| はちみつ…15g
バター(有塩)、メープルシロップ(好みで)…各適量

1 ボウルに卵を割りほぐし、ヨーグルト、はちみつを加え(a)、泡立て器でよく混ぜる。
   米粉ミックスを加え(b)、粉っぽさがなくなるまで混ぜる(c)。

2 フライパンを中火でじっくり温め、いったんぬれ布巾の上にのせて温度を下げ、
   再び火にかける。火を少し弱め、1をお玉1杯強ほど流し入れる。

3 少しふっくらとしてプツプツと穴があいてきたら裏返し(d)、おいしそうな焼き色が
   つくまで両面を焼く。同様にしてあと2枚焼く。

4 器に1枚または2枚重ねて盛り、バターをのせる。メープルシロップをかける。

MEMO
・鉄のフライパンで焼く場合は米油を薄くひく。フッ素樹脂加工のフライパンで焼く場合は油は不要。

ホットケーキ生地をココットに流し入れ、
オーブンで焼くと、また違ったおいしさ

ココットケーキ

材料／直径8×高さ3cmのココット4個分
生地
| 米粉ミックス…200g
| 卵…2個
| プレーンヨーグルト…60g
| はちみつ…15g
| バター(食塩不使用)…20g
板チョコ…適量
ラムレーズン…適量
ラズベリー(冷凍)…適量

下準備
・バターは電子レンジや湯煎で溶かす。
・板チョコは薄く削る。
・ココットにバター(分量外)を薄くぬる。
・オーブンは190℃に予熱する。

1 ボウルに卵を割りほぐし、ヨーグルト、はちみつを加えて泡立て器でよく混ぜる。
米粉ミックスを加え、粉っぽさがなくなるまで混ぜる。

2 溶かしバターを加え、さらに混ぜるⓑ。

3 ココットに **2** を均等に流し入れⓒ、板チョコ、ラムレーズン、凍ったままのラズベリー
をそれぞれ好みでのせるⓓ。

4 天板にのせ、190℃のオーブンで15～20分焼く。

MEMO
・ラムレーズン……レーズン小さじ2を耐熱容器に入れてラム酒をひたひたに加え、電子レンジで約30秒加熱する。

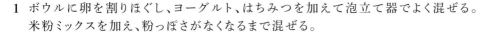

ⓐ　　　　　　　ⓑ　　　　　　　ⓒ　　　　　　　ⓓ

生地に片栗粉を入れるとサクッ。
米油で揚げるとライトな食べ心地です

リングドーナツ

材料／5個分
生地
 | 米粉ミックス…150g
 | 片栗粉…20g
 | 卵…1個
 | プレーンヨーグルト…50g
 | バター（食塩不使用）…10g
シナモンシュガー…適量
揚げ油（米油）…適量

下準備
・バターは電子レンジや湯煎で溶かす。

1　ボウルに米粉ミックスと片栗粉を入れて混ぜ合わせる@。

2　別のボウルに卵を割りほぐし、ヨーグルト、溶かしバターを加えてよく混ぜる。

3　2に1を加え、ゴムベラで混ぜてひとまとめにする。

4　5等分にしてそれぞれ手で丸め、軽くつぶす。米油少々（分量外）をぬった指で中心
　に500円玉くらいの穴をあけ、リング状にする⑥。

5　揚げ油を中温に熱し、4を入れ、きつね色になるまでときどき返しながら3〜4分
　揚げⓒ、中まで火を通す。油をきり、熱いうちにシナモンシュガーをまぶすⓓ。

MEMO
・シナモンシュガーは、きび砂糖とシナモンパウダーを好みの割合で混ぜる。
・揚げ油はドーナツの厚みの半分くらいの高さまで入れればよい。

ⓐ　　　　　ⓑ　　　　　ⓒ　　　　　ⓓ

ちょっともっちりとした食感の揚げ菓子。
揚げたてアツアツもおいしい!

かぼちゃと豆腐のベニエ

材料／12個分
生地
| 米粉ミックス…100g
| かぼちゃ(皮をむいてワタと種を除いたもの)…正味80g
| 絹ごし豆腐…60g
| 米油…小さじ2
揚げ油(米油)…適量
粉糖…適量

1 かぼちゃは蒸し器でやわらかくなるまで蒸す。

2 ボウルに豆腐を入れて泡立て器でつぶし、かぼちゃ、米油を加えてさらにつぶし
ⓐ、ペースト状にする。

3 米粉ミックスを加えてゴムベラで混ぜ、手でよく混ぜてひとまとめにするⓑ。

4 オーブンシートを広げて3をのせ、上からもオーブンシートをかぶせ、めん棒で
10×15cmにのばすⓒ。かぶせたオーブンシートをはずして12等分に切るⓓ。

5 揚げ油を中温に熱し、4を入れ、両面がきつね色になるまで2〜3分揚げるⓔ。
油をきって器に盛り、熱いうちに粉糖をふる。

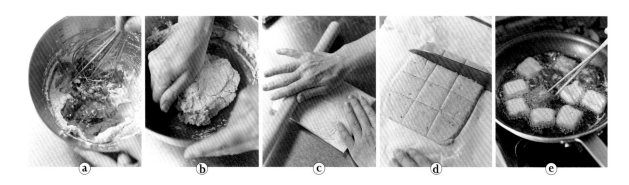

ⓐ　　　ⓑ　　　ⓒ　　　ⓓ　　　ⓔ

生クリーム入りのリッチな生地と、
甘い香りのりんごの組み合わせが絶妙

りんごのマフィン

材料／口径7×高さ3cmのマフィン型5個分
りんご（紅玉）…½個
生地
　│ 米粉ミックス…100g
　│ 卵…1個
　│ はちみつ…30g
　│ 生クリーム…100ml
　│ アーモンドパウダー…20g
アーモンドパウダー…適量

下準備
・マフィン型に米油少々（材料外）をぬる。
・オーブンは170℃に予熱する。

1　りんごは洗って水気を拭き、皮をつけたままひと口大に切る。

2　ボウルに卵を割りほぐし、はちみつ、生クリームを加えて泡立て器でよく混ぜる②。

3　米粉ミックス、アーモンドパウダーを加え、粉っぽさがなくなるまでよく混ぜる⑥。

4　マフィン型に3を均等に入れ、りんごを押し込むようにしてのせる©ⓓ。

5　天板にのせてアーモンドパウダーをふりかけ、170℃のオーブンで20分ほど
　　焼く。粗熱が取れたら、型から取り出して冷ます。

MEMO
・紅玉以外のりんごを使うときは、りんごにレモン果汁適量をからめておく。

ⓐ　　　　ⓑ　　　　ⓒ　　　　ⓓ

2枚重ねて焼くことで、
米粉ならではのサクッとした食感が楽しめます

プレーンスコーン

材料／5個分
生地
| 米粉ミックス…200g
| バター(食塩不使用)…50g
| 卵1個+牛乳…合わせて100g
生クリーム、好みのジャム…各適量

下準備
・卵と牛乳は混ぜ合わせる。
・オーブンは180℃に予熱する。

1　フードプロセッサーに米粉ミックスを入れ、バターを1cm角に切って加え、サラサラ
　になるまで攪拌する。

2　**1**をボウルに移し、混ぜ合わせた卵と牛乳を加え、ゴムベラで混ぜる。粉気が
　なくなったら手でひとまとめにする**ⓑ**。

3　オーブンシートを広げて打ち粉(米粉。分量外)をし、**2**をのせ、めん棒で1.3cm厚さ
　にのばし、半分に折りたたむ。さらにもう一度1.3cm厚さにのばす**ⓒ**。

4　直径6cmの菊型で抜き**ⓓ**、オーブンシートを敷いた天板に2枚重ねてのせる**ⓔ**。
　これを5個つくる。

5　180℃のオーブンで13〜15分焼く。器に盛り、泡立てた生クリーム、好みのジャム
　を添える。

丸くのばして放射状に切って焼くだけ。
オートミールのザクザク感がポイント

オートミールとチョコの
スコーン

材料／6個分
米粉ミックス…150g
オートミール…50g
卵…1個
米油…大さじ3
豆乳…大さじ2
チョコチップ…15g

下準備
・オーブンは180℃に予熱する。

1 ボウルに米粉ミックスとオートミールを入れ、ゴムベラでざっくりと混ぜ合わせるⓐ。

2 別のボウルに卵を割りほぐし、米油、豆乳を加えて泡立て器でよく混ぜ合わせるⓑ。

3 **2**に**1**を加えてゴムベラで混ぜ合わせ、だいたい混ざったら、チョコチップを加えて混ぜ、ひとまとめにするⓒ。

4 オーブンシートを広げて**3**をのせ、ラップをかぶせてめん棒で直径15cmの円形にのばす。ラップをはずし、放射状に6等分に切るⓓ。

5 オーブンシートごと天板にのせ、上面に豆乳少々（分量外）をぬり、180℃のオーブンで15〜20分焼く。

MEMO
・豆乳がなければ牛乳を使っても。
・チョコチップがないときは、板チョコを細かく刻んで使う。

ⓐ　　　　ⓑ　　　　ⓒ　　　　ⓓ

さっくり、ほろっとした食感が身上。
ハーブの形と香りがアクセントです

ショートブレッド

材料／8枚分
米粉ミックス…100g
バター（食塩不使用）…70g
好みのハーブ（セージ、フェンネル、イタリアンパセリなど）…適量

下準備
・バターはボウルに入れて室温に戻してやわらかくする。
・オーブンは150℃に予熱する。

1　バターをゴムベラで練り、米粉ミックスを加え@、混ぜ合わせる。

2　手でギュッと握ってまとまってきたら、こねるようにしてひとまとめにする⑥。

3　オーブンシートを広げて**2**をのせ、上からもオーブンシートをかぶせ、めん棒で直径
　　15cmの円形にのばす©。

4　かぶせたオーブンシートをはずして放射状に8等分に切り、それぞれにハーブを
　　のせて手で押さえる⑥。くっつきにくい場合は、ハーブの裏を軽く水でぬらす。

5　オーブンシートごと天板にのせ、150℃のオーブンで15〜20分焼く。

MEMO
・ハーブは形の違うものが数種類あったほうが表情が違ってかわいい。

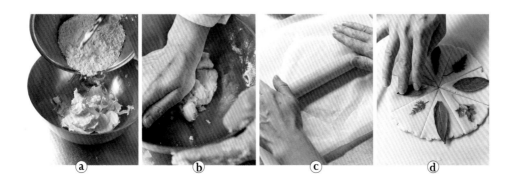

ⓐ　　　　ⓑ　　　　ⓒ　　　　ⓓ

つい手がのびてしまうひと口サイズ。
しょうがの香りで飽きないおいしさ

ジンジャースノーボール

材料／10個分
米粉ミックス…50g
アーモンドパウダー…20g
ジンジャーパウダー…2g
米油…大さじ1½
水…大さじ1
粉糖…適量

下準備
・オーブンは150℃に予熱する。

1　ボウルに米粉ミックス、アーモンドパウダー、ジンジャーパウダーを入れ@、手でざっと混ぜ合わせる。

2　米油を回し入れて両手ですり混ぜ⑥、全体になじんだら、水を加えて手で混ぜ、ひとまとめにする©。

3　10等分にして丸め@、オーブンシートを敷いた天板に間隔を空けて並べる。

4　150℃のオーブンで20分ほど焼く。温かいうちに粉糖をたっぷりとまぶす。

MEMO
・水の分量は少なめだが、水分をゆっくり吸収していくので、これでまとまる。

ⓐ　　　　ⓑ　　　　ⓒ　　　　ⓓ

きな粉とクミンのクラッカー
⟶ 作り方は p.32

ナッツとチーズのクラッカー
⟶ 作り方は p.33

ほんのり甘くてエスニックな香り。
片栗粉を入れるとさっくりと仕上がります

きな粉とクミンのクラッカー

材料／24枚分
米粉ミックス…50g
きな粉…15g
片栗粉…15g
クミンシード…小さじ1
米油…大さじ1
豆乳または牛乳…40ml
ディップ
│ サワークリーム…適量
│ オリーブオイル…適量
香菜…少々

下準備
・オーブンは170℃に予熱する。

1　ボウルに米粉ミックス、きな粉、片栗粉、クミンシードを入れⓐ、手でざっと混ぜ、
　　米油を回し入れてざっと混ぜ合わせる。

2　豆乳を回し入れⓑ、なじませながら混ぜⓒ、ひとまとめにするⓓ。

3　2等分にし、それぞれオーブンシートの上にのせ、上からもオーブンシートをかぶ
　　せ、めん棒で直径2mm厚さの円形にのばす。

4　かぶせたオーブンシートをはずして放射状に12等分に切るⓔ。

5　オーブンシートごと天板にのせ、170℃のオーブンで20分ほど焼く。

6　サワークリームとオリーブオイルを器に入れ、香菜を散らして添える。好みでつけ
　　て食べる。

ⓐ　　ⓑ　　ⓒ　　ⓓ　　ⓔ

この組み合わせが鉄板。
おやつにもおつまみにもなる、みんなの好きな味

ナッツとチーズのクラッカー

材料／16枚分
米粉ミックス…50g
アーモンドパウダー…20g
パセリのみじん切り…5g
パルミジャーノチーズ…10g
オリーブオイル…大さじ1
卵白…20g

下準備
・オーブンは160℃に予熱する。

1 ボウルに米粉ミックス、アーモンドパウダー、パセリを入れ、パルミジャーノチーズ
　をすりおろして加える@。

2 オリーブオイルを回しかけⓑ、両手ですり混ぜる。卵白を加え©、なじませながら
　混ぜ、ひとまとめにする。

3 オーブンシートを広げて **2** をのせ、上からもオーブンシートをかぶせ、めん棒で
　15×20cmの長方形にのばす。

4 かぶせたオーブンシートをはずして16等分に切り、フォークで空気穴をあけるⓓ。

5 オーブンシートごと天板にのせ、160℃のオーブンで15～20分焼く。

MEMO
・パルミジャーノチーズは、香りを生かすため、使う直前にすりおろすとよい。

ビスケットのようなサクッと軽い生地とフルーツ。
アツアツを楽しんで!

パイナップルと
マンゴーのコブラー

材料／18×13×高さ5cmの楕円形の耐熱容器1台分
生地
| 米粉ミックス…80g
| アーモンドパウダー…20g
| 米油…大さじ2
| プレーンヨーグルト…40g
パイナップル、マンゴー…合わせて正味200g

下準備
・オーブンは170℃に予熱する。

1　パイナップルとマンゴーは皮をむいて食べやすい大きさに切る。

2　ボウルに米粉ミックス、アーモンドパウダーを入れて手でざっと混ぜ、米油を回し入れてざっくりと混ぜ合わせる。

3　ヨーグルトを加えⓐ、なじませながら混ぜ、ひとまとめにするⓑ。

4　耐熱容器にパイナップルとマンゴーを入れ、**3**の生地を適量ずつちぎってのせるⓒⓓ。

5　天板にのせ、170℃のオーブンで20〜25分焼く。器に取り分け、好みでアイスクリーム(材料外)を添える。

MEMO
・プラムと桃、りんごと柿などの組み合わせでつくってもおいしい。

ⓐ　　　　ⓑ　　　　ⓒ　　　　ⓓ

生地を敷いたら焼かずにジャムを入れ、
上にも生地をのせて焼き上げます

クロスタータ

材料／直径6.5cmのセルクル4個分
生地
| 米粉ミックス…50g
| アーモンドパウダー…10g
| 片栗粉…10g
| 米油…大さじ1
| 卵…½個分
ジャム（あんず、ブルーベリー）…各大さじ2
アーモンドスライス…10g
粉糖…適量

下準備
・セルクルの内側に米油少々（分量外）をぬる。
・オーブンは170℃に予熱する。

1 フードプロセッサーに米粉ミックス、アーモンドパウダー、片栗粉を入れてざっと
攪拌し、米油と卵を加えてひとまとまりになるまでさらに攪拌する。

2 **1**の生地を5等分にし、それぞれ丸める@。

3 天板にオーブンシートを敷いてセルクルを4個置き、**2**の生地をひとつずつ入れ、
手で広げて敷き込む。縁も指でしっかりとくっつける⑥。

4 フォークで空気穴をあけ、ジャムを大さじ1ずつ入れる©。

5 残っている生地を小さくちぎって4等分にして**4**にのせ⑥、アーモンドスライスを散
らす。

6 170℃のオーブンで25〜30分焼く。粗熱が取れたらセルクルをはずし、器に盛り、
粉糖をふる。

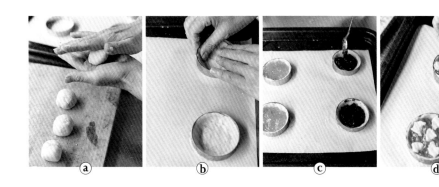

ⓐ ⓑ ⓒ ⓓ

薄くのばした米粉生地を焼くとパリッパリの香ばしさ。
タイムの香りがアクセントです

ズッキーニのタルトフランベ

材料／25×13cmの楕円形1枚分
生地
| 米粉ミックス…50g
| 片栗粉…25g
| オリーブオイル…大さじ1
| 卵白…20g
ズッキーニ…½本
モッツァレラチーズ…50g
タイム…適量
塩…少々
オリーブオイル…大さじ1½

下準備
・オーブンは190℃に予熱する。

1　ズッキーニは薄い輪切りにする。

2　フードプロセッサーに米粉ミックス、片栗粉、オリーブオイルを入れてサラサラに
　なるまで攪拌し、卵白を加え@、ひとまとまりになるまでさらに攪拌する。

3　2の生地を丸め、打ち粉（米粉。分量外）をしたオーブンシートの上にのせ、めん棒で
　楕円形に薄くのばし⒝、フォークで全体に空気穴をあける⒞。

4　ズッキーニを少しずらしながらのせ、モッツァレラチーズをちぎって散らし、タイム
　をのせる。塩をふり、オリーブオイルを回しかける⒟。

5　オーブンシートごと天板にのせ、190℃のオーブンで20分ほど、パリッと香ばしく
　なるまで焼く。食べやすい大きさに切る。

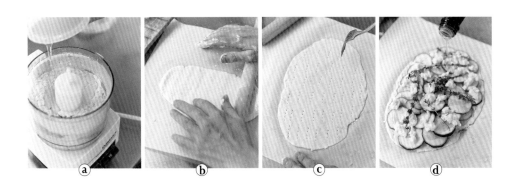
ⓐ　　ⓑ　　ⓒ　　ⓓ

いちごとルバーブの取り合わせが絶妙。
ローズマリーのすっきりとした香りがよく合います

いちごとルバーブのガレット

材料／直径20cmの円形1枚分
生地
| 米粉ミックス…50g
| 片栗粉…20g
| バター(食塩不使用)…40g
| プレーンヨーグルト…30g
いちご…10粒
ルバーブ(生または冷凍)…70g
ローズマリー…3枝
洗双糖…大さじ1

下準備
・オーブンは170℃に予熱する。

1　いちごは洗ってヘタを取り、縦3等分に切る。ルバーブは4cm長さに切る。

2　フードプロセッサーに米粉ミックス、片栗粉を入れ、バターを1cm角に切って加え、サラサラになるまで攪拌するⓐ。ヨーグルトを加え、ひとまとまりになるまでさらに攪拌するⓑ。

3　2の生地を丸めてオーブンシートの上にのせ、ラップをかぶせてめん棒で丸く薄くのばす。ラップをはずしてフォークで全体に空気穴をあける。

4　縁を3cmほど残して1のいちごとルバーブをのせ、縁を内側に折りたたむⓒ。

5　ローズマリーをのせ、縁に洗双糖をふるⓓ。オーブンシートごと天板にのせ、170℃のオーブンで25〜30分焼く。

MEMO
・砂糖は、粒子が粗くて透明感のある洗双糖を使う。コクがあってカリッとした食感が楽しめる。

ⓐ　ⓑ　ⓒ　ⓓ

レモン風味のホワイトチョコクリームが魅力的。
繊細で上品なおいしさです

レモンとホワイトチョコのサブレ

材料／8枚分

生地
| 米粉ミックス…50g
| アーモンドパウダー…30g
| バター（食塩不使用）…20g
| 卵黄…1個分

ホワイトチョコクリーム
| ホワイトチョコレート（板チョコ）…40g
| バター（食塩不使用）…40g
| レモン果汁…小さじ2
ホワイトチョコレート（板チョコ）…適量
レモン（国産）の皮…適量

下準備

・ホワイトチョコクリームのバターは室温に戻してやわらかくする。
・オーブンは160℃に予熱する。

1 フードプロセッサーに米粉ミックス、アーモンドパウダーを入れ、バターを1cm角に
切って加え、サラサラになるまで攪拌する。卵黄を加え ⓐ、ひとまとまりになるまで
さらに攪拌する。

2 1の生地を丸めてオーブンシートの上にのせ、ラップをかぶせてめん棒で3mm
厚さにのばし、ラップをはずしてレモン型で抜く ⓑ。残った生地は再び丸めて
3mm厚さにのばし、レモン型で抜く。

3 オーブンシートを敷いた天板に並べ、160℃のオーブンで15〜20分焼く。

4 ホワイトチョコクリームをつくる。チョコレートをボウルに入れて湯煎にかけて溶か
し、バターを加えて泡立て器で混ぜ、レモン果汁も加えて混ぜる ⓒ。冷蔵庫で少し
冷やし、サブレにぬりやすい粘度にする。

5 3のサブレが焼き上がったら冷まし、ホワイトチョコクリームをぬる ⓓ。バットに並
べ、チョコレートをおろしかけ ⓔ、続いてレモンの皮をおろしかける。冷蔵庫に入れ
てホワイトチョコクリームを冷やしかためる。

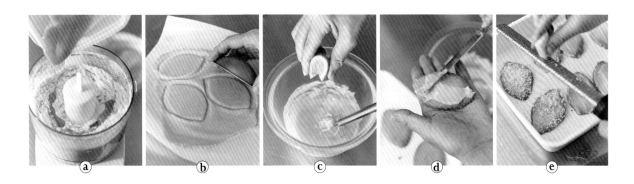

ⓐ　ⓑ　ⓒ　ⓓ　ⓔ

表面は香ばしく、中はしっとり。
バターのコクと甘い香りが広がります

マドレーヌ

材料／縦7×横4cmのマドレーヌ型12個分
米粉ミックス…70g
卵…1個
はちみつ…大さじ1
アーモンドパウダー…20g
バター（食塩不使用）…40g

下準備
・バターは電子レンジや湯煎で溶かす。
・マドレーヌ型にバター（分量外）を薄くぬる。
・オーブンは170℃に予熱する。

1　ボウルに卵を割りほぐし、はちみつを加えて泡立て器でよく混ぜる。米粉ミックス、
　　アーモンドパウダーを加え ⓐ、粉気がなくなるまで混ぜる。

2　溶かしバターを加え ⓑ、ツヤが出るまでムラなく混ぜる。

3　マドレーヌ型に流し入れ ⓒ、天板にのせ、170℃のオーブンで13分ほど焼く。

4　焼き上がり ⓓ。型から出して網の上にのせ、粗熱を取る。

MEMO
・米粉のマドレーヌは乾燥しやすいので、粗熱が取れたら早めに保存袋に入れる。

ⓐ　　　　　　　　ⓑ　　　　　　　　ⓒ　　　　　　　　ⓓ

豆腐と豆乳を使った、しっとりとしたケーキ。
低温でじっくり焼き上げます

ガトーショコラ

材料／直径15cmの丸型（底取れタイプ）**1台分**

米粉ミックス…100g
ココアパウダー…30g
アーモンドパウダー…10g
絹ごし豆腐…150g
メープルシロップ…大さじ3
米油…大さじ2

豆乳…70ml
ラム酒…少々
粉糖（ノンウェット）…適量
ダークチェリーのシロップ漬け（市販）
　…好みで適量

下準備
・型にオーブンシートを敷く。
・オーブンは160℃に予熱する。

1　ボウルに米粉ミックス、ココアパウダー、アーモンドパウダーを入れ、泡立て器で混ぜる。

2　別のボウルに豆腐を入れ、泡立て器でよく混ぜⓑ、ペースト状になったらメープルシロップ、米油、豆乳の順に加えて、その都度よく混ぜる。

3　2に1を加え、粉気がなくなるまで混ぜ合わせるⓒ。

4　型に流し入れ、表面をならし、湯煎にしたときに湯がしみ込まないように、底をアルミホイルで覆いⓓ、天板にのせる。

5　天板に熱湯を2cm深さまで張り、160℃のオーブンで35分ほど湯煎焼きにする。

6　アルミホイルを取って型からはずし、温かいうちに表面にラム酒をぬる。冷めたらオーブンシートをはがし、粉糖をふる。切り分けて器に盛り、ダークチェリーのシロップ漬けを添える。

MEMO
・ノンウェットの粉糖は甘さ控えめで溶けにくいので、仕上げ用に適している。
・焼きたてはスフレのようにふんわり、冷やすとしっとり。どちらもおいしい。

ⓐ　ⓑ　ⓒ　ⓓ

レモンの爽やかな香りと酸味が加わって、
味わい豊かなのに軽い食べ心地

レモンスフレチーズケーキ

材料／直径15cmの丸型（底取れタイプ）**1台分**

米粉ミックス…50g
クリームチーズ…200g
卵黄…3個分
牛乳…½カップ
レモン（国産）…½個

メレンゲ
| 卵白…3個分
| きび砂糖…40g

下準備

・クリームチーズは室温に戻してやわらかくする。
・卵白は冷やす。
・型にオーブンシートを敷く。焼くとふくらむので、側面は型の2倍くらいの高さにする。
・オーブンは160℃に予熱する。

1　ボウルにクリームチーズと卵黄を入れ、泡立て器で混ぜる⑧。続いて、牛乳、米粉ミックスの順に加え、その都度よく混ぜる。

2　レモン果汁を搾り入れ、レモンの皮をすりおろして加え⑥、よく混ぜる。

3　メレンゲをつくる。ボウルに卵白を入れてハンドミキサーで泡立て、ふんわりしてきたらきび砂糖を2回に分けて加え、角が立つまでしっかり泡立てる⑥。

4　2にメレンゲの⅓量を加えて泡立て器でしっかりと混ぜ、残りの½量を加えてさっくりと混ぜる⑥。残りのメレンゲを加えてさっくりと混ぜ合わせる。

5　型に流し入れ、表面をならし、湯煎にしたときに湯がしみ込まないように底をアルミホイルで覆い、天板にのせる。

6　天板に熱湯を2cm深さまで張り⑥、160℃のオーブンで50分ほど湯煎焼きにする。アルミホイルを取って型からはずし、粗熱が取れたらオーブンシートをはがす。

MEMO

　レモンは½個分の果汁を搾り入れる。分量の目安は約大さじ1。

ⓐ　　　ⓑ　　　ⓒ　　　ⓓ　　　ⓔ

クランブルをのせて、ジャムをはさんで、
レイヤーケーキに仕立てます

クランブルアールグレイケーキ

材料／直径15cmの丸型（底取れタイプ）1台分
米粉ミックス…140g
アーモンドパウダー…60g
アールグレイの茶葉…ティーバッグ1袋分
卵…2個
はちみつ…大さじ2
牛乳…大さじ3
バター（食塩不使用）…50g
クランブル
　米粉ミックス…20g
　アーモンドパウダー…15g
　米油…大さじ1
ラズベリージャム…大さじ4

下準備
・バターは電子レンジや湯煎で溶かす。
・型にオーブンシートを敷く。
・オーブンは170℃に予熱する。

1 クランブルをつくる。クランブルの材料をボウルに入れ、指でこすり合わせるようにして混ぜ@、そぼろ状にする。

2 ボウルに米粉ミックス、アーモンドパウダー、アールグレイの茶葉を入れ⑥、泡立て器で混ぜる。

3 別のボウルに卵を割りほぐし、はちみつ、牛乳の順に加えて泡立て器でよく混ぜる。

4 **3**に**2**を加えて粉気がなくなるまで混ぜ、溶かしバターを加えてツヤが出るまでムラなく混ぜ合わせる。

5 型に流し入れ、上にクランブルを散らす©。天板にのせ、170℃のオーブンで20分ほど焼き、160℃に下げてさらに20分ほど焼く。

6 粗熱が取れたら型からはずして冷まし、オーブンシートをはがす。厚みを半分に切って断面にラズベリージャムをぬり@、元の形に戻す。

MEMO
・ラズベリージャム……ラズベリー150g、洗双糖50g、レモン果汁大さじ1を鍋に入れて中火にかけ、フツフツしてきたら火を弱め、少しとろみがつくまで煮る。市販のものでもOK。

@　　⑥　　©　　@

フライパンで焼き上げる、
素朴な味わいの、ホットビスケットのようなお菓子

ウェルッシュケーキ

材料／直径6cmの菊型10枚分
米粉ミックス…100g
シナモンパウダー…小さじ¼
バター（食塩不使用）…40g
ドライフルーツ（レーズン、ドライクランベリーなど）…30g
卵…½個分
きび砂糖…適量

1 フードプロセッサーに米粉ミックス、シナモンパウダーを入れ、バターを1cm角に切って加え@、サラサラになるまで攪拌する。

2 ボウルに移してドライフルーツを加え、卵をほぐして加え、ゴムベラでさっくりと混ぜ合わせる⑥。手で混ぜてひとまとめにする©。まとまりにくい場合は卵を少量加える。

3 打ち粉（米粉。分量外）をしたオーブンシートの上に移し、めん棒で7〜8mm厚さにのばし、型で抜く④。

4 フライパンに並べて弱火にかけ、焼き色がついたら裏返し⑥、火が通るまで焼く。熱いうちにきび砂糖をたっぷりとまぶす。

MEMO
・フライパンで焼いてひっくり返すので、浅めのフライパンやクレープパンを使うとやりやすい。
・焼きたてにバターをつけて食べてもおいしい。

ⓐ　ⓑ　ⓒ　ⓓ　ⓔ

カルダモン&黒糖がクセになるおいしさ。
スコーンのような食感です

カルダモンロール

材料／6個分
生地
　│米粉ミックス…200g
　│卵1個＋プレーンヨーグルト…合わせて100g
　│米油…大さじ2
米油…大さじ1
カルダモンパウダー…大さじ½
黒糖…大さじ1
ピスタチオ（ローストしたもの）…殻をむいて10g

下準備
・黒糖はブロックのものは刻む。ピスタチオは粗く刻む。
・マフィン型に米油少々（分量外）をぬる。
・オーブンは170℃に予熱する。

1　ボウルに卵とヨーグルトを入れて混ぜ合わせ、米油を加えて泡立て器でよく混ぜる。米粉ミックスを加えてゴムベラでさっくりと混ぜ合わせ、手で混ぜてひとまとめにする。

2　打ち粉（米粉。分量外）をしたオーブンシートの上に移し、ラップをかぶせ、めん棒で25cm四方にのばす。

3　ラップをはずして米油を全体にぬり、カルダモンパウダー、黒糖を全体に散らし@、手でならし、スプーンの背で広げる。

4　カードを使いながら手前からクルクルと巻いていきⓑ、ロール状にする。6等分に切り分け©、断面を上にしてマフィン型に入れる。

5　ピスタチオをのせ⓭、天板にのせて170℃のオーブンで15分ほど焼く。

ⓐ

ⓑ

ⓒ

ⓓ

バナナ入りの生地はしっとり。
シナモンとしょうがの香りが鼻をくすぐります

スパイスバナナブレッド

材料／18×8×高さ6cmのパウンド型1台分
米粉ミックス…120g
バナナ…2本
卵…2個
はちみつ…大さじ1
米油…大さじ1½
シナモンパウダー、ジンジャーパウダー…各ひとつまみ

下準備
・型にオーブンシートを敷く。
・オーブンは170℃に予熱する。

1　バナナは皮をむいてボウルに入れ、フォークでつぶす。

2　ボウルに卵を割りほぐし、**1**、はちみつ、米油の順に加えて泡立て器で混ぜ、米粉ミックス、シナモンパウダー、ジンジャーパウダーを加え⑥、よく混ぜ合わせる。

3　型に流し入れ⑥、表面をならし、天板にのせて170℃のオーブンで25〜30分焼く。

4　焼き上がったら粗熱を取って型からはずし、網にのせて冷ましてからオーブンシートをはがし⑥、切り分ける。

MEMO
・作った次の日以降は、カリッとトーストしてクリームチーズをぬって食べてもおいしい。

ⓐ　　　　ⓑ　　　　ⓒ　　　　ⓓ

メレンゲ入りのふわふわ生地で、
ホイップクリームをはさめば完成!

ミニオムレット

材料／8〜9個分
生地
| 卵黄…1個分
| 牛乳…大さじ⅔
| 米油…大さじ1
| 米粉ミックス…25g
メレンゲ
| 卵白…1個分
| きび砂糖…大さじ1

米油…少々
ホイップクリーム
| 生クリーム…200ml
| きび砂糖…大さじ½

1 ボウルに卵黄を入れて泡立て器でほぐし、牛乳、米油、米粉ミックスの順に加えてその都度よく混ぜる。

2 メレンゲをつくる。ボウルに卵白を入れてハンドミキサーで泡立て、ふんわりしてきたらきび砂糖を2回に分けて加え、角が立つまでしっかり泡立てる。

3 1にメレンゲの⅓量を加えて泡立て器でしっかりと混ぜ③、残りの½量を加えてさっくりと混ぜ、残りも加えてさっくりと混ぜる⑤。

4 フライパンを中火で温めて米油を薄くひき、3の生地を小さいお玉に軽く1杯分（大さじ2程度）流し入れ⑥、ふたをして焼く⑥。ふっくらして焼き色がついたら裏返し、両面を焼いて中まで火を通す。

5 焼けたら取り出し、ラップをかけて保温する⑥。

6 ボウルに生クリームときび砂糖を入れ、泡立て器で角が立つまで泡立てる。5のスポンジに適量ずつのせて半分に折ってはさむ。

MEMO
・ひと口サイズだから、ひとり3〜4個はペロリ。そのつもりでたくさん焼いておくと、みんなに喜ばれる。

ⓐ　　　ⓑ　　　ⓒ　　　ⓓ　　　ⓔ

クリームを巻いたら、ラップで包んで
なじませるとしっとり感が出ます

シンプルロールケーキ

材料／25×22cmの天板1枚分
米粉ミックス…50g
卵…2個
メープルシロップ…大さじ½
米油…大さじ1
ホイップクリーム
 ┌ 生クリーム…200ml
 └ メープルシロップ…大さじ1½
シャインマスカット、いちご、ミントの葉…各適量

下準備
・天板にオーブンシートを敷く。
・オーブンは170℃に予熱する。

1 ボウルに卵を割りほぐし、メープルシロップを加え、湯煎（60℃くらい）にかけてハンドミキサーの高速で5分ほど攪拌する。

2 湯煎からはずして低速で30秒攪拌し、米油を加えてさらに30秒攪拌する。米粉ミックスを3回に分けて加え、その都度、粉気がなくなるまで混ぜ合わせる。

3 天板に流し入れ、ゴムベラでならし、天板ごと2〜3回台に落として空気を抜く。170℃のオーブンで13分ほど焼く。

4 新しいオーブンシートの上にひっくり返してのせ、熱いうちにオーブンシートをはがし、生地が乾燥しないように天板をひっくり返してのせておく。

5 ボウルに生クリームとメープルシロップを入れ、泡立て器で角が立つまで泡立てる。

6 **4**のスポンジの焼き面を上にし、巻き終わりになる辺を少し斜めに切る。この部分を除いて、**5**のホイップクリームを中央がやや厚めになるようにぬる。

7 手前から巻いていき、巻き終わりをしっかりと手で押さえる。ラップで包んで形を整え、両端をねじって留める。巻き終わりを下にして冷蔵庫に入れ、1時間ほど休ませる。食べる直前に切り分け、薄切りにしたマスカットやいちご、ミントを飾る。

ⓐ ⓑ ⓒ ⓓ ⓔ

米粉ミックスでつくるシューは軽くてふんわり。
米粉のカスタードたっぷりめがおいしい

シュークリーム

材料／8個分

生地
- 米粉ミックス…50g
- バター（食塩不使用）…30g
- 牛乳…110ml
- 溶き卵…1個分

カスタードクリーム
- 卵黄…2個分
- きび砂糖…50g
- 米粉…大さじ2
- 牛乳…1カップ
- バニラビーンズ…¼本
- ラム酒…少々

ホイップクリーム
- 生クリーム…50ml
- きび砂糖…小さじ1

粉糖…少々

下準備
・バニラビーンズはさやを縦半分に切る。
・オーブンは190℃に予熱する。

1　カスタードクリームをつくる。ボウルに卵黄を入れて泡立て器でほぐし、きび砂糖、米粉の順に入れ、その都度よく混ぜる @。

2　鍋に牛乳、バニラビーンズを入れて沸騰直前まで火にかけ、1 に少しずつ加えてその都度よく混ぜる。

3　鍋に戻し入れて弱めの中火にかけ、縁からとろみがついてきたらムラなくよく混ぜる。ツヤが出てきたら火からおろし、ラム酒を入れて混ぜる ⓑ。バットに入れ、粗熱が取れたら表面にぴったりとラップをかけて冷蔵庫で冷やす。

4　生地をつくる。鍋にバターと牛乳を入れて沸騰させ、火からおろして米粉ミックスを加え ⓒ、ゴムベラで混ぜる。弱火にかけ、だんご状にひとまとまりになるまで練る。

5　火からおろし、溶き卵を少しずつ加え、その都度よく混ぜる ⓓ。

6　絞り袋に入れ、オーブンシートを敷いた天板に直径4cm程度に絞り出し ⓔ、手水をつけて表面をならす。190℃のオーブンで10分、170℃に下げて20分焼く。

7　カスタードクリームをボウルに移し、バニラビーンズのさやを取り除く。生クリームにきび砂糖を加えてしっかりと泡立て、カスタードクリームに加えて混ぜ合わせる。

8　シューが冷めたら上部を横に切り、7 を口金をつけた絞り袋に入れてたっぷりと絞り出し、上部のシューをのせて粉糖をふる。

MEMO
・シュークリームは冷凍可。自然解凍して食べるとおいしさそのまま、半解凍してシューアイスとして楽しんでも。

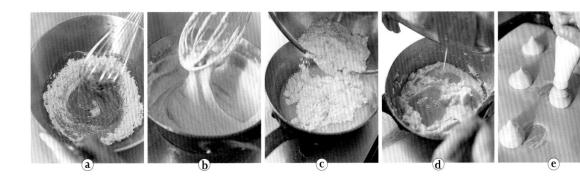

ⓐ　　ⓑ　　ⓒ　　ⓓ　　ⓔ

生地にはちみつとみりんを入れると、
照りが出て和風テイストに

どら焼き

材料／直径8cmのもの4個分
生地
| 米粉ミックス…80g
| 卵…1個
| はちみつ…大さじ1
| みりん…大さじ1
米油…大さじ1½
粒あん（市販）…120g

1 ボウルに卵を割りほぐし、はちみつを加えて泡立て器で混ぜ、みりんを加えて混ぜる@。

2 米粉ミックスを加え、粉気がなくなるまで混ぜてなめらかにする⑤。

3 フライパンを中火で温めて米油を薄くひき、**2**の生地を小さいお玉に軽く1杯分（大さじ2程度）流し入れて丸く広げる©。プツプツと穴があいてきつね色になったら裏返し⑥、火が通るまで焼く。同様にしてあと7枚焼く。

4 **3**を2枚1組にし、あとで焼いた裏面に粒あんを¼量ずつのせ⑥、もう1枚ではさむ。ラップで包み、なじませる。

蒸し器に入れて、あとはふくらむのを待つばかり。
素朴なおいしさです

ふくれ菓子

材料／15×11.5×高さ4.5cmの流し缶1台分
米粉ミックス…150g
卵…2個
黒糖（粉末）…70g
米油…大さじ2
牛乳…50ml
酢…大さじ1
くるみ…30g

下準備
・くるみはフライパンでからいりする。
・流し缶にオーブンシートを敷く。

1 ボウルに卵を割りほぐし、黒糖、米油、牛乳、酢の順に加えて⒜、泡立て器でその都度よく混ぜる。

2 米粉ミックスを加え、粉気がなくなってとろっとするまでよく混ぜ合わせる⒝。

3 くるみを割って流し缶の底に散らし、2を流し入れる⒞。

4 蒸気の立った蒸し器に入れ、強火で25分ほど蒸す⒟。

5 流し缶からはずし、粗熱が取れたらオーブンシートをはがす。温かいうちに食べてもおいしい。

MEMO
・ふくれ菓子は鹿児島の郷土菓子で、ずっしりとした食べ応えが特徴。本来は小麦粉でつくるが、米粉ミックスでつくると手軽でおいしい。
・酢を入れるとふくらみがよくなる。
・翌日以降は薄切りにしてトーストし、バターをのせて食べてもよい。

⒜　⒝　⒞　⒟

材料はいたってシンプル。
さつまいもの皮の赤紫色と食感がアクセント

鬼まんじゅう

材料／6個分
さつまいも…200g
米粉ミックス…60g
片栗粉…15g
水…大さじ2くらい

下準備
・さつまいもは皮つきのまま洗って1.5cm角に切り、水に20分ほどさらす ⓐ。そのあと水気をきる。
・8～10cm四方に切ったオーブンシートを6枚用意する。

1　ボウルに米粉ミックス、片栗粉、さつまいもを入れて水を少しずつ加え ⓑ、手でさつまいもにからめ ⓒ、手で握れるくらいにまとめる。

2　蒸し器にオーブンシートを敷き、**1**を6等分にして手でまとめてのせる ⓓⓔ。

3　蒸気の立った状態で約20分、さつまいもがやわらかくなるまで蒸す。

MEMO
・東海地方の郷土菓子。角切りにしたさつまいもがゴツゴツ見える様が、鬼の角や金棒を思わせることからこの名がついたそう。本来は小麦粉を使う。
・米粉ミックスでつくると、もちっとした蒸しパンという感じ。朝食にもよい。

ⓐ　　ⓑ　　ⓒ　　ⓓ　　ⓔ

米粉ミックスでつくるカステラはもっちり。
パウンド型で焼き上げます

抹茶カステラ

材料／18×8×高さ6cmのパウンド型1台分
米粉ミックス…70g
抹茶…大さじ1
卵…2個
はちみつ…大さじ2

下準備
・型にオーブンシートを敷く。側面は型より3cm以上高くする。
・オーブンは170℃に予熱する。

1　米粉ミックスと抹茶を混ぜる。

2　ボウルに卵を割りほぐし、はちみつを加え、湯煎（60℃くらい）にかけてハンドミキサーの高速で3分ほど攪拌する。

3　湯煎からはずして高速でさらに3分攪拌し、低速で1分ほど攪拌してキメを整えるⓑ。

4　1を3回に分けて加え、1回目はハンドミキサーの低速で30秒攪拌し、2回目と3回目はゴムベラで底からすくうようにその都度40回混ぜるⓒ。

5　型に流し入れ、生地に竹串を差し込んでジグザグに切るように動かし、泡切りをするⓓ。台に2〜3回落として空気を抜き、天板にのせ、170℃のオーブンで10分ほど焼き、150℃に下げて25分ほど焼く。

6　焼き上がったら、台に1回落として焼き縮みを防ぐⓔ。型からはずしてオーブンシートをはがし、すぐにラップで包んで保湿する。食べるときに側面を切り落とす。

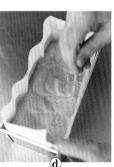

豆腐入りの生地でつくる韓国お焼き。
ナッツ、シナモン、はちみつトリオが最強

ホットク

材料／6個分
米粉ミックス…100g
絹ごし豆腐…85g
カシューナッツ…20g
はちみつ…20g
シナモンパウダー…少々
米油…少々

下準備
・カシューナッツは粗く刻む。

1 ボウルに豆腐を入れ、泡立て器でくずしてペースト状にする。米粉ミックスを加え、手で混ぜ、なめらかになるまでこねてひとまとめにする⑥。

2 別のボウルにカシューナッツ、はちみつ、シナモンパウダーを入れて混ぜ合わせる。

3 **1**の生地を6等分にしてそれぞれ丸め、薄く米油（分量外）をぬった手ではさんで平たくし©、**2**を⅙量ずつのせ、生地を寄せて包む⒟。

4 フライパンを中温に温めて薄く米油をひき、**3**の包み終わりを上にしてのせ、手のひらでつぶして薄くする⒠。

5 ヘラでときどき押しつけながら、両面に焼き色がついて生地に火が通るまで4〜5分焼く。

MEMO
・ホットクは、日本のお焼きのような平べったい形のおやつ。小麦粉ともち米粉を発酵させてつくるのがポピュラー。

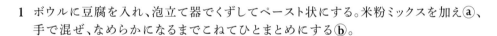

ⓐ　　　ⓑ　　　ⓒ　　　ⓓ　　　ⓔ

湯気の立った中国蒸しパンはそれだけでごちそう。
しょうゆを入れるのが、おいしさのポイント

マーラーカオ

材料／直径15cmのせいろ1台分
米粉ミックス…160g
卵…2個
はちみつ…大さじ2
米油…大さじ2
牛乳…50ml
しょうゆ…小さじ½

下準備
・せいろにオーブンシートを敷く。

1 ボウルに卵を割りほぐし、はちみつ、米油、牛乳、しょうゆの順に入れ、その都度
   泡立て器でよく混ぜる②。

2 米粉ミックスを加え、粉気がなくなってもったりするまでよく混ぜる⑥。

3 せいろに **2** を流し入れ©、蒸気の立った蒸し器に入れ、強火で25分ほど蒸す③。

4 せいろから取り出し、粗熱が取れたらオーブンシートをはがす。温かいうちに食べ
   てもおいしい。

MEMO
・しょうゆを入れてコクとうまみを出し、塩分を補う。

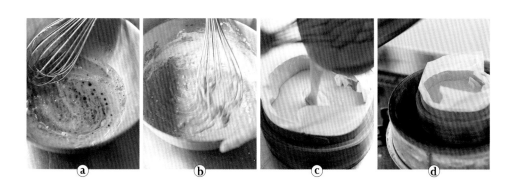

ⓐ　　　ⓑ　　　ⓒ　　　ⓓ

ふわふわ、しっとり。
低温でじっくりと湯煎焼きにして仕上げます

台湾カステラ

材料／18×8×高さ6cmのパウンド型1台分

米粉ミックス…40g
米油…大さじ2½
牛乳…大さじ2
卵黄…2個分

メレンゲ
卵白…2個分
きび砂糖…30g

下準備
・米油、牛乳はそれぞれ耐熱容器に入れ、湯煎にかけて人肌に温める。
・型にオーブンシートを敷く。側面は型より3cm以上高くする。
・オーブンは150℃に予熱する。

1 ボウルに米粉ミックスと温めた米油を入れ⑥、泡立て器でしっかりと混ぜる。

2 温めた牛乳を2回に分けて加え、その都度混ぜ、卵黄を1個ずつ加えてその都度よく混ぜる。

3 メレンゲをつくる。ボウルに卵白を入れてハンドミキサーで泡立て、ふんわりしてきたらきび砂糖を2回に分けて加え、角が立って先がおじぎをするくらいに泡立て、少しやわらかいメレンゲにする©。

4 **2**のボウルにメレンゲをひとすくい加え、泡立て器でしっかりと混ぜる。これをメレンゲのボウルに戻し、底からすくうようにさっくりと混ぜる。

5 型に流し入れ⑩、台に2〜3回落として空気を抜き、天板にのせる。

6 天板に熱湯をぎりぎりの深さまで張り⑥、150℃のオーブンで30〜40分湯煎焼きにする。

7 焼き上がったら、台に1回落として焼き縮みを防ぎ、熱いうちに型からはずし、オーブンシートをはがす。

A．粉類

米粉は米を精粉したもの。この本では製菓用米粉「ミズホチカラ」を使います。ベーキングパウダーはアルミニウムフリーのもの、アーモンドパウダーはアーモンド100%のもの。片栗粉は一般的なものでOK。

B．乳製品

牛乳は一般的なものでOK。つくるお菓子によっては、牛乳の代わりに無調整豆乳を使うことも。生クリームは乳脂肪分40%以上のもの、ヨーグルトは無糖のプレーンタイプを使います。

C．油脂

軽くてクセのない米油を使いますが、香りや風味をつけたいときにはエキストラバージンオリーブオイルを使うことも。バターは食塩不使用のものを使い、塩気が欲しいときには必要に応じて塩を入れます。

D．卵・豆腐

卵はMサイズのものを使います。豆腐は生地をしっとりさせたいときに。この本ではかぼちゃと豆腐のベニエ（p.18）、ガトーショコラ（p.46）、ホットク（p.72）に使っています。

E．甘み

基本的には風味とうまみがあるきび砂糖を使いますが、つくるお菓子によっては、精製度は低いもののクセの少ない洗双糖、コクと風味の強い黒糖、後味がすっきりしている100%天然由来のメープルシロップも使います。

F．塩

ツンとしたしょっぱさがなく、まろやかなうまみがある精製されていない塩を使います。好みのものでOK。わずかな塩味によって甘みが引き立ちます。

A. 量る

スケールは、より正確に計量できるように、1mg単位で表示できる電子スケールを。計量カップは200ml（1カップ）、計量スプーンは15ml（大さじ）と5ml（小さじ）が量れる2本を。

B. 混ぜる・こねる

生地を混ぜたりこねたりするためのボウルは、サイズの違うものが2タイプあると便利。混ぜるためのゴムベラ、泡立てるための泡立て器も用意。また、生地を混ぜるとき便利なのがフードプロセッサー、卵白や生クリームを泡立てるときに便利なのがハンドミキサー。

C. のばす・返す・冷ます・絞る

生地をのばすときに使うのがめん棒。パンケーキやどら焼きの皮を焼くときに便利なのがステンレス製のヘラ。ケーキクーラーはケーキを冷ますときに、絞り袋と口金はクリームを絞り出すときに使います。

D. 型

この本で使ったのはパウンド型、底取れタイプの丸型、マドレーヌ型、マフィン型、レモン型。クッキー生地を抜くときの菊型や型代わりに使えるセルクル、耐熱性のココットもおすすめ。また、流し缶はふくれ菓子（p.66）などの蒸しものに便利。

中川たま Tama Nakagawa

神奈川県・逗子で、夫と娘と3人暮らし。自然食品店勤務後、ケータリングユニット「にぎにぎ」を経て、2008年に独立。季節の野菜や果物を使った、シンプルでセンスのある料理とお菓子、スタイリングに定評がある。最近自宅の庭にアトリエを構え、料理教室、イベント、ワークショップなどを開催。著書に『つるんと、のどごしのいいおやつ』(文化出版局)、『たまさんの食べられる庭　自然に育てて、まるごと楽しむ』『器は自由におおらかに　おいしく見える器の選び方・使い方』(ともに家の光協会)などがある。

材料協力　株式会社富澤商店
　　　　　オンラインショップ https://tomiz.com/
　　　　　電話 0570-001919

デザイン　　岡村佳織
撮影　　　　邑口京一郎
編集　　　　松原京子
校正　　　　安久都淳子
DTP制作　　天龍社

自家製の米粉ミックスでつくるお菓子
ふんわり、さっくり。軽やかなレシピ

2023年6月20日　第1刷発行

著者　　　中川たま
発行者　　河地尚之
発行所　　一般社団法人 家の光協会
　　　　　〒162-8448 東京都新宿区市谷船河原町11
　　　　　電話　03-3266-9029(販売)
　　　　　　　　03-3266-9028(編集)
振替　　　00150-1-4724
印刷・製本　図書印刷株式会社